JOSÉ ANTONIO PAGOLA

PASTORAL  RENOVADA

EL AMOR
DE LA PAREJA,
EXPERIENCIA
DEL AMOR
DE DIOS

PPC

© 2024, José Antonio Pagola
© 2024, PPC, Editorial y Distribuidora, SA
   Impresores, 2
   Parque Empresarial Prado del Espino
   28660 Boadilla del Monte (Madrid)
   ppcedit@ppc-editorial.com
   www.ppc-editorial.com

ISBN 978-84-288-4149-8
Depósito legal: M-7171-2024
Impreso en la UE / *Printed in EU*

Introducción[1]

El amor de la pareja, parábola y experiencia del amor de Dios

El Cantar de las Cantares es, sin duda, el libro más sorprendente de cuantos están incluidos en la Biblia. Según el gran escritor francés Ernest Renan, su presencia turbadora en el Libro Santo se debería a un "momento de olvido" de quienes fijaron el canon bíblico. Sin embargo, según un rabino judío, "el día en que el Cantar fue puesto dentro de la Biblia es el más grande de los días de la historia".

Joya de la literatura universal, el Cantar es el libro bíblico más universal y leído a lo largo de los siglos y, al mismo tiempo, uno de los más ignorados por los cristianos. Ha alimentado la pasión amorosa de místicos y buscadores de

---

[1] Ponencia pronunciada en el Museo Diocesano de San Sebastián en las Jornadas sobre el Cantar de los Cantares, el día 22 de noviembre de 2001.

Dios de todas las épocas y, sin embargo, apenas está presente en la celebración litúrgica.

Siempre ha suscitado este Cantar la admiración de quienes han captado la hondura de su mensaje. Rabbí Akibd decía que "si no hubiéramos recibido la Torá, el Cantar de las Cantares habría sido suficiente para guiar al mundo". El teólogo tal vez más importante y significativo del siglo veinte, el suizo Karl Barth lo considera, junto al capítulo segundo del Génesis, "la segunda gran carta de la Humanidad".

De este libro vamos a hablar, del mensaje de estos poemas de amor recopilados hace veinticinco siglos y que parecen escritos, hoy mismo, para nuestros días.

- En un primer momento, nos detendremos a contemplar el amor erótico de los dos enamorados del Cantar como regalo sorprendente y don gozoso del Creador.

- Descubriremos, después, en el fondo de ese amor una experiencia privilegiada que puede conducir al varón y a la mujer hacia el Misterio de Dios y la experiencia de Amor insondable.

- Consideraremos, luego, la fragilidad y los límites de este encuentro erótico que, para seguir vivo y creativo, pide desde su misma entraña ser impregnado por un amor nuevo que, sin anularlo, lo despliegue y ensanche aún más.

- Señalaré, por último, la actualidad del Cantar y la importancia de su mensaje para nuestros días.

1

El amor erótico, regalo de Dios Creador

El Cantar de las Cantares celebra y canta el amor concreto de un hombre y una mujer que se buscan, se miran, se enamoran, se entregan el uno al otro, se estremecen de amor y disfrutan del placer de vivir una comunión total.

Durante siglos, se ha leído este Cantar como un relato alegórico donde, según las diversas interpretaciones, se nos habla del amor entre Dios e Israel, Cristo y su Iglesia o Dios y el alma.

Este modo de leer el texto del Cantar es legítimo y ha alimentado la experiencia religiosa y mística de muchos. Sin embargo, el Cantar habla directamente del amor de dos enamorados. Para descubrir en este amor un contenido alegórico, hemos de introducir en el texto un significado oculto más allá de su sentido inmediato y directo.

El Cantar se convierte así en un texto codificado que solo puede ser leído en su realidad profunda por aquellos que conocen la clave, y creen que este diálogo de los enamorados es solo una forma de hablar de algo invisible y transcendente que es el amor entre Dios y el ser humano.[2]

Esta lectura alegórica muestra la riqueza y las variadas posibilidades de la palabra bíblica, pero entraña el riesgo de hacernos olvidar que el Cantar es, en realidad, un conjunto de poemas que, en su origen, cantan el amor misterioso y sorprendente de un hombre y una mujer enamorados.

Lo que este libro nos transmite directamente es un mensaje sobre el amor humano de la pareja: los enamorados no hablan de Dios, sino de su amor desbordante.[3] No es necesario que este libro hable de Dios para ser santo. Es en el amor humano de estos jóvenes donde hemos de descubrir la obra del Creador y donde podemos vislumbrar un signo del misterio último de Dios que es amor. Esto es teología: descubrir a

---

[2] "Alegoría", de "allos" (otro) y "agoreuo" (hablar), significa que el texto habla de "otra cosa" y no de lo que aparece a primera vista.

[3] Los enamorados solo pronuncian el nombre de Dios una sola vez y es para decir que la pasión amorosa que viven es "llamarada de Dios" (8,6).

Dios en sus obras y abrirnos a él desde nuestra experiencia humana.

1. Bondad del amor erótico

Aunque no pocas traducciones y comentarios hablan del "esposo" y la "esposa", nada hace pensar que estos dos enamorados están casados. No hay en el Cantar ninguna alusión al matrimonio o al lazo conyugal. Su amor no está legalizado por institución alguna. Sencillamente, disfrutan de su amor sin que nadie los haya autorizado:

> "Llévame contigo, sí, corriendo,
> a tu alcoba condúceme...
> a celebrar contigo nuestra fiesta." (1,4)

Su encuentro amoroso tiene sentido y valor por sí mismo. Su gozo no necesita ser justificado desde fuera.[4]

---

[4] Los términos con que se designa a los dos jóvenes pueden ser traducidos con diversos matices: "amado, amada", "amigo, amiga", "esposo, esposa", "hermano, hermana".

Por otra parte, no hay alusión alguna a la reproducción. Los enamorados se entregan el uno al otro atraídos por su mutuo deseo, no para engendrar hijos. Se encuentran para disfrutarse y gozarse el uno en el otro. No hay otro objetivo sino el disfrute mismo de los dos amantes. Su encuentro amoroso es bueno y legítimo por sí mismo, sin referencia a la procreación. Tiene sentido, en razón de la comunión que vive la pareja, plenitud afectiva de su amor y expansión sexual de sus cuerpos.

El Cantar celebra, pues, el amor erótico de un hombre y una mujer que se desean, se buscan y disfrutan el uno del otro y el uno con el otro. No se habla todavía de institución matrimonial ni de generación de hijos. Se destaca así el valor primigenio del encuentro sexual, cumplimiento de la atracción y el deseo de los dos enamorados.

Lo que busca y desea la enamorada es ser besada, acariciada, abrazada, penetrada:

"¡Que me bese con besos de su boca!
¡Son mejores que el vino sus amores!" (1,2)

"Pone la mano izquierda bajo mi cabeza
y me abraza con la derecha." (8,3)

"Entra, amor mío, en tu jardín
a comer de sus frutos exquisitos." (4,16)

El amante se expresa de manera semejante y responde al deseo de su amada gozando de ella como ella de él:

"Tu boca es un vino generoso
que fluye acariciando
y me moja los labios y los dientes." (7,10)

"Qué amorosas son tus caricias...
qué deliciosos tus amores." (4,10)

"Ya vengo a mi jardín, hermana y novia mía,
a recoger mi bálsamo y mi mirra." (5,1)

2. Rasgos del amor

El Cantar no habla de obligaciones matrimoniales ni de exigencias morales, pero no es un amor cualquiera. Los enamorados viven su encuentro con una hondura y una calidad humana que es fácil percibir.

Su encuentro es alegría desbordante, éxtasis, estremecimiento de placer, fascinación y delicia de los cuerpos; se besan con los ojos, los labios y las manos; se acarician con las palabras y el silencio; se funden en un abrazo total.

Lo decisivo, sin embargo, es su encuentro como personas. Cada uno de ellos encuentra su riqueza en el otro, no en sí mismo. Cada uno goza y es feliz siendo fuente de gozo y de felicidad para el otro. No se mueven a nivel del puro deseo de sexo; no convierten al otro en objeto de la propia satisfacción. Su encuentro es diálogo respetuoso y creativo, llamada a la libertad del otro, invitación al encuentro. El ser amado es un "tú único:

"Azucena entre espinas
es mi amada entre las muchachas." (2,2)

"Manzano entre los árboles silvestres,
es mi amado entre los jóvenes." (2,3)

"Una sola es mi paloma." (6,9)
"Mi amado... descuella entre diez mil." (5,10)

Su relación no es con el sexo del otro, sino con la persona entera en su originalidad y misterio: aquel al que yo amo y que me ama es único.

Por eso, su encuentro es comunión y mutua pertenencia: "Mi amado es mío y yo soy suya" (2,16). Entre los enamorados hay reciprocidad y mutua dedicación. Son responsables el uno del otro. Su encuentro los libera de la soledad; ya no están solos; descubren por experiencia la verdad que encierran las palabras dichas por el Creador en los orígenes de la Humanidad: "No es bueno que el hombre esté solo" (Gn 2,18). Por eso sufren en la separación, se buscan, se encuentran y se complementan (*cf.* 3,1; 5,2; 5,6).

Su amor es, por otra parte, encuentro entre iguales. La mujer es de igual dignidad que el hombre. No hay conquistador ni conquistada. La palabra de la mujer es igual que la del varón. También ella expresa su deseo y su placer tan abiertamente como el hombre; también ella canta la hermosura del cuerpo del amado. Hay plena reciprocidad. "Ni es más el varón ni menos la mujer, ambos se buscan mutuamente, ambos se encuentran, de tal forma que, al hallar el uno al otro, descubre cada uno lo más hondo de su entraña"[5].

---

[5] X. Pikaza, *El "cántico espiritual" de San Juan de la Cruz. Poesía. Biblia. Teología*, Paulinas, Madrid 1992, 159.

El Cantar destaca así la igualdad original del varón y de la mujer que, en el milagro del enamoramiento, se descubren iguales en su dignidad y llamados a enriquecerse en sus diferencias. El amor de estos amantes es un despliegue del gozo sorprendido del primer varón al encontrarse con la primera mujer:

"Esta sí que es hueso de mis huesos
y carne de mi carne." (Gn 2,23).

Este amor nace de la libertad y la elección mutua. No hay invasión, violación o profanación del otro. No hay manipulación, chantaje ni flirteo. Cada vez que una mujer y un varón llegan a encontrarse en verdad, allí hay celebración y fiesta, hay respeto y libertad.

Los amantes del Cantar no se mienten ni se engañan, no se presionan ni se coaccionan. Entre ellos hay entrega confiada:

"No molestéis ni despertéis a mi amor
hasta que ella quiera." (2,7)

Otro rasgo de este amor es la gratuidad. Los enamorados son regalo el uno para el otro. Son apoyo y compañía:

"¿Quién es esa que sube del desierto
apoyada en su amado?" (8,5)

En el amor verdadero hay donación, no posesión. Cada uno se entrega confiadamente al otro. Todo es gracia, nada es deuda.

"Amado mío, ven, vamos al campo...
allí te daré mi amor." (7,12.13).

El amor de estos enamorados es fiel. No buscan el placer en otra parte; no andan tras la aventura ocasional; no conocen la promiscuidad incapaz de liberar de la soledad. Viven la gran aventura de la vida enraizados en su encuentro. Conocen la ausencia del amado y la desolación, la inquietud y la búsqueda, pero su corazón permanece fiel:

"Encontré al amor de mi alma:
lo agarré y ya no lo soltaré." (3,4)

Su amor intenso y fuerte pide eternidad.

"Grábame como un sello en tu brazo,
como un sello en tu corazón,
porque es fuerte el amor como la muerte...
las aguas torrenciales no podrán apagar el amor
ni anegarlo los ríos." (8,6-7)

3. El amor de la pareja, don de Dios

Este amor del varón y la mujer no es algo divino, sino humano. Para descubrir y saborear su bondad, no es necesario mitificarlo ni divinizarlo. El deseo erótico y su cumplimiento en la comunión amorosa de la mujer y el varón es un don del Creador. "El amor entre una mujer y un hombre vale en sí mismo como culmen de la creación entera"[6].

La tradición bíblica no deja lugar a dudas: la creación ha nacido buena del corazón de Dios. Según el relato del Genesis, Dios se asoma cada atardecer a mirar complacido su obra y ve que es "buena". El ultimo día, como culmen de toda la creación, Dios crea al ser humano, pero lo hace bisexual para que, al encontrarse en el

---

[6] X. Pikaza, o. c., 158.

amor y la comunión total, varón y mujer puedan reflejar y vivir algo de su propio misterio. "Creó Dios al ser humano a su imagen; a imagen de Dios lo creó: varón y mujer los creó" (Gn 1,27). Al contemplar ya al primer hombre y a la primera mujer sobre la tierra Dios "vio todo lo que había hecho, y todo era muy bueno" (Gn 1,31).[7]

El amor erótico entre la mujer y el varón es un regalo del Creador. Sus manos moldearon los primeros cuerpos sexuados, su aliento infundió en ellos el deseo mutuo. Como dice bellamente Nicolás de la Carrera, "al diseñar la primera pareja, Dios inventó el erotismo. Desde aquel momento, cuando se encuentran en el amor un hombre y una mujer, Dios se pasea con ellos a la brisa de su ternura"[8].

El intenso gozo y el entretenimiento misterioso que experimentan corresponde al deseo profundo de Dios. Por eso, los enamorados del Cantar se contemplan el uno al otro, celebran mutuamente la hermosura de sus cuerpos y

---

[7] La palabra hebrea "tob" significa "bueno" y "hermoso" indistintamente.

[8] N. DE LA CARRERA, *Amor y erotismo del Cantar de los Cantares*, Nueva Utopía, Madrid 1997, 52-53.

cantan agradecidos lo bueno y hermoso de su amor repitiendo el grito complacido de Dios ante su creación:

"¡Qué hermosa eres, mi amada,
qué hermosa eres!" (1,15)

"¡Qué hermoso eres, mi amado,
qué dulzura y qué hechizo!
Nuestra cama es de frondas." (1,16)

"¡Qué hermosa estás,
qué bella,
qué delicia en tu amor!" (7,7)

"¡Qué amorosas son tus caricias,
hermana y novia mía,
qué deliciosos tus amores." (4,10)

Los enamorados no pronuncian propiamente una "beraká", es decir una bendición explícita a Dios, fuente última de su placer, pero sus gritos de gozo y complacencia son reconocimiento de la bondad de la creación y cumplimiento del deseo del Creador.

El regalo de la vida, y en concreto de la vida compartida en el amor, no genera en estos amantes una oración explícita a Dios, pero sí el disfrute sano de sus dones. Los enamorados del Cantar agradecen el regalo de Dios disfrutándolo.[9]

---

[9] P. VASSEROT, "La Bible et le plaisir", en AA. VV., *Le plaisir*, Ed. Du Cerf, París 1980, 69-79.

2

El amor de la pareja, signo de Dios y apertura a su misterio

Las lenguas no conocen sino una sola palabra para designar los múltiples matices del amor. Hay muchos amores en el mundo: el amor de los padres a los hijos; el amor de los hijos a los padres; el amor entre hermanos, amigos o compañeros; el amor a las cosas; el amor al propio pueblo; el amor a un ideal o un proyecto.

Pero el amor más profundo y misterioso, el que sirve de referencia para una experiencia privilegiada de Dios es el amor de los enamorados. Este amor no es solo "alegoría" del amor de Dios. Es una realidad humana, querida por el Creador, donde la mujer y el hombre pueden intuir el misterio de Dios y escuchar la llamada a abrirse a su Amor insondable.

1. La unión de los enamorados, signo de Dios

La teología afirma que el hombre es "imagen de Dios", pero de ordinario se argumenta que el ser humano, a diferencia de otras criaturas, es imagen de Dios por su dignidad de persona dotada de inteligencia y libertad. Con ello se olvida el sentido profundo del Genesis: "Creó Dios al ser humano a su imagen; a imagen de Dios lo creó: varón y mujer los creó" (Gn 1,27). Ni el varón ni la mujer son en cuanto tales imagen de Dios, sino en su unión y complementariedad. Lo que permite vislumbrar en la humanidad la semejanza con Dios es el encuentro del varón y la mujer, su historia de amor, su vida disfrutada y compartida en pareja, verdadero signo y manifestación de Dios.

Como dice con acierto Xabier Pikaza, el texto del Génesis "significa que Dios no se revela en el varón en cuanto tal ni tampoco en la mujer, sino en la unión que los vincula; el mismo amor humano, coma realidad creada y profana, es signo de Dios entre los hombres"[10].

---

[10] X. Pikaza, o. c., 160.

Este es el mensaje diáfano del Cantar de los Cantares: donde brota el amor misterioso y desbordante entre una mujer y un varón, donde ambos se buscan, se encuentran y se complementan en una experiencia de gozo y de fidelidad, allí acontece algo que apunta hacia Dios. Varón y mujer están heridos de amor; han sido creados con ese vacío que solo el otro puede llenar. Por eso, se atraen y se buscan hasta que, encontrándose, descubren y disfrutan de su amor compartido. El fondo de ese amor es signo del misterio original del que ambos provienen: el amor divino.

Xabier Pikaza llega a hablar de una "teodicea del encuentro intersexual"; más allá de otras vías y argumentos conceptuales para aproximarse a Dios, la vida compartida gozosamente por el varón y la mujer es verdadero argumento que permite vislumbrar al Creador. Puede decirse: "¡Dios existe! Lo encontramos allí donde un varón y una mujer se miran y se enamoran, se buscan y se entregan mutuamente"[11].

---

[11] *Ibid.*

Un varón y una mujer amándose son el signo privilegiado de Dios, la experiencia que mejor nos dice que en el origen de la vida late el amor de Dios.

2. El amor de la pareja, revelación de Dios

Este amor intersexual solo puede ser signo de Dios si manifiesta y revela su amor. Por ello, no cualquier encuentro del varón y la mujer transparenta de la misma manera a Dios. El amor descrito por el Cantar no es un amor cualquiera. Es un encuentro libre y gozoso de personas que se respetan en su dignidad e igualdad; es comunión transparente, mutua pertenencia, regalo gratuito el uno para el otro, fidelidad.

Este amor es el que, emergiendo en medio de la creación, revela a Dios. Siempre que el amor triunfa del egoísmo, del engaño y la mentira, allí se hace transparente el amor de Dios sobre la tierra. Siempre que el amor de una pareja despliega toda su fuerza, en plenitud de gozo y de exigencia, de búsqueda encendida y de entrega fiel, de encuentro placentero y de comunión transparente, en esa misma medida, de modo creatural pero real, se revela el amor de Dios, origen y fundamento de la vida.

El Dios que se revela en ese amor de la pareja no es un Dios frío e indiferente, ajeno al gozo o el sufrimiento de sus criaturas; no es un Dios sancionador que sigue con mirada escrutadora los pasos de los humanos.

El Dios que enciende y sostiene el amor de los enamorados es un Dios enamorado, que busca y anhela el encuentro gozoso con el ser humano y con la creación entera; un Dios amante que invita a hombres y mujeres a compartir la aventura de adentrarse en su amor insondable. Los enamorados lo pueden intuir en su propia experiencia:

"Como goza el esposo con la esposa
así gozara contigo tu Dios." (Is 62,1)

La revelación cristiana confirma el profundo mensaje del Cantar. "Quien no ama, no conoce a Dios, porque Dios es amor" (1 Jn 4,8). No se ha dicho nada más grande de Dios ni del amor. El privilegio de los enamorados es vislumbrar que es así: si Dios existe, es estremecimiento de amor. Desde su amor compartido pueden intuir la pasión amorosa de Dios y poner emoción y calor a las elaboraciones conceptuales de los teólogos sobre el amor divino.

Guido Ceronetti dice así: "La lectura en clave erótica del Cantar es la más segura, pero no tiene sentido si el hecho de los amores no queda iluminado con una pequeña lámpara por la que, a través de esos amores transparentes, alumbre el Escondido"[12].

3. El amor del varón y la mujer, experiencia de apertura a Dios

El amor entre la mujer y el varón no es solo signo que apunta hacia Dios. Es camino que puede conducir a Él. No es difícil para los enamorados entender, sentir y captar que el ser humano está hecho para amar y ser amado: ahí está la verdad última de la vida. Hay en el ser humano una gran "herida de amor": venimos del amor, buscamos el amor, desde lo más

---

[12] Citado por G. Ravasi, *El Cantar de los Cantares*, Paulinas, Bogotá 1963, 26.

hondo de nuestro ser anhelamos amar y ser amados.

Podemos ahondar más en esta experiencia. Cuando nace el amor, se despierta en los enamorados un deseo de plenitud que los desborda y va más allá de lo que ellos mismos pueden darse el uno al otro. En el fondo del ser humano hay un vacío último difícil de llenar. Incluso en la mayor plenitud de su gozo, el enamorado sabe que la persona amada con tanta pasión no puede curar plenamente esa "herida de amor" abierta en lo hondo de su ser.

¿Qué buscan, entonces, varón y mujer, seres limitados y finitos, cuando se abrazan sin poder saciarse mutuamente ese deseo de amor infinito y eterno que se despierta en ellos? Max Frisch hace esta penetrante observación: "Os deseáis, pero no para encontraros, pues ya estáis aquí; os deseáis para trascenderos, pero juntos"[13].

En su experiencia de amor, los enamorados salen de sí mismos al encuentro el uno del otro; se sacan mutuamente del aislamiento; su vida

---

[13] Citado por G. GRESHAKE, "Felicidad y salvación", en F. BUCKLE Y OTROS, *Fe cristiana y sociedad moderna IX*, SM, Madrid 1986, 154.

se desborda; buscan plenitud y dicha total fuera de sí mismos. Por decirlo en una palabra, inician el camino del amor.

Pero en el amor nunca se llega al final; el misterio permanece siempre, el deseo sigue vivo. Tarde o temprano, su misma experiencia lleva a los enamorados a descubrir que la persona amada no es el término final. Ese "tú" cercano y cálido, abrazado y acariciado con ternura, es camino y presencia del "Tú" absoluto.

Como dice el Cantar, el amor es "llamarada divina" (8,6). Cuando dos seres humanos se abandonan el uno al otro en un abrazo de amor intenso, pero frágil y limitado, un "Tú" emerge misterioso, fascinante, inabarcable, que sigue invitando a ambos a una mayor plenitud.

Cuando dos seres llegan a tocarse interiormente, hasta perderse el uno en el otro, la persona amada no es fuente de dicha absoluta, pero sí puede ser "lugar de encuentro absoluto".[14]

Algo de esto experimenta el poeta Miguel d'Ors cuando canta estos hermosos versos:

---

[14] M. d'Ors, "Esposa". Citado por N. de la Carrera en *Buscando a Dios entre luces*, BAC, Madrid 2000, 120.

Con tu mirada tibia
alguien que no eres tú me está mirando: siento
confundido en el tuyo otro amor indecible.
Alguien me quiere en tus "te quiero", alguien
acaricia mi vida con tus manos y pone
en cada beso tuyo su latido.
Alguien que está fuera del tiempo, siempre
detrás del invisible umbral del aire.

Así dice la primera carta de Juan:

"A Dios nadie lo ha visto jamás.
Pero, si nos amamos los unos a las otros,
Dios está en nosotros." (1 Jn 4,12)

3

La fragilidad
del amor erótico

Todo esto es bello y atractivo, pero ¿quién ama como se aman los enamorados del Cantar?

Es cierto, como dice Francisco Contreras, que "el amor nace limpio siempre de su fuente, que es el corazón humano alumbrado por la gracia de Dios"[15], pero el varón y la mujer son criaturas frágiles que llevan en su corazón el aliento de Dios, aunque han sido hechos del barro.

¿No vemos constantemente el fracaso del amor, los matrimonios rotos, la aventura frívola y la infidelidad permanente, los abusos y malos tratos, la degradación del encuentro sexual, la violación y las manipulaciones?

Ulrich Beck, prestigioso sociólogo de Múnich, y su esposa Elisabeth han publicado un denso

---

[15] Citado por N. DE LA CARRERA, o. c., 57.

estudio[16] donde analizan la situación decadente y contradictoria de la experiencia del amor en las sociedades modernas.

Según los Beck, el caos del amor forma ya parte de la normalidad. Se convive en pareja estable y de manera ocasional, en matrimonio y sin matrimonio, con uno o más divorcios, a través de nuevas y diversas familias.

Se necesita como nunca el calor de la pareja, pero crece el temor a adentrarse en "los laberintos de un extraño"; se añora la unión estable, pero no se renuncia a la aventura; se abomina el matrimonio, pero se repiten los casamientos; se busca la entrega íntima al otro, pero aumenta la desconfianza anticipada: ya no se trata solo de establecer previamente la separación de bienes.

En Alemania y en EE. UU. se firman documentos en los que se dispone que el lugar de vacaciones será elegido alternativamente por una y otra parte.

¿Dónde queda el encanto de los enamorados del Cantar?

---

[16] U. BECK, *El normal caos del amor*, Paidós, Barcelona 2001.

1. Límites y fragilidad del encuentro erótico

El amor que celebra el Cantar es una realidad frágil y siempre amenazada. Señalo dos de sus más graves limitaciones.[17]

■ La experiencia feliz del amor borra o disimula las imperfecciones y defectos de la persona amada

El amor erótico queda atraído por la belleza y el encanto del momento. No se contempla el lado oscuro y negativo del ser amado. Así canta el amante: "¡Toda eres hermosa, amada mía, y no hay en ti defecto" (4,7). Sin embargo, pronto aparecen las limitaciones, defectos y egoísmos de ambos. Es entonces cuando la seducción puede desvanecerse.

El enamorado que solo ama con amor erótico tiende a amar en el otro lo que es

---

[17] H. GOLLWITZER en G. CASALLS, H. GOLLWITZER, R. PURY, *Un chant d'amour insolite: Le Cantique des Cantiques*, Desclée de Brouwer, París 1984, 59-80.

fuente de gozo y placer, al tiempo que se distancia de lo que genera displacer y sufrimiento; desea y ama al otro "a medias", solo en lo que tiene de atractivo.

Si no transciende ese amor erótico corre el riesgo de buscar al otro no en su totalidad de persona amada, sino solo como objeto al servicio del propio interés. Es, entonces, cuando desaparece la belleza, el encanto y la fascinación del encuentro entre varón y mujer, regalo del Creador, pues todo enamorado que se confía y se entrega al otro, está pidiendo ser acogido y aceptado enteramente, con sus limitaciones y sus penas, con sus luces y sus sombras.

▪ El amor erótico borra del escenario a todas las demás personas

El mundo queda como olvidado y ausente. Los amantes están solos sobre la tierra; no existe el tiempo, no existe el mundo, no existe nadie; solo ellos en su encuentro emocionado.

Así aparece en el Cantar: la madre de la enamorada, los hermanos, las amigas, el rey y su harén, los guardias que patrullan la ciudad… solo forman como el telón de fondo que sirve para exaltar todavía mejor el encuentro único de ambos. Pero pronto el mundo se entremezcla en su historia de amor; no pueden vivir aislados de su familia, sus hijos, su trabajo, su pueblo.

Si se encierran en su amor erótico, quedarán incomunicados de la vida real, replegados sobre sí mismos, recluidos en un aislamiento compartido. Sin embargo, cuando se entregan mutuamente, los enamorados no renuncian a sus raíces ni a su entorno vital, no desean ser mutilados en sus proyectos personales, no esperan ser despojados de su condición social, sino potenciados para la convivencia.

Así pues, para seguir vivo como fuente de enriquecimiento humano, el amor erótico está planteando a los amantes dos graves cuestiones:

■ ¿Quieren vivir cada uno su amor al otro en su totalidad, compartiendo gozos y penas, alegría y sinsabores, disfrute y ayuda mutua, o desean exprimirse el uno al otro como objetos de satisfacción placentera?

■ ¿Quieren saborear su amor aislándose en su propia dicha y encerrándose en una soledad compartida, o desean conocer y desarrollar la expansión de su amor en las diferentes dimensiones de su vida individual, familiar y social?

2. Ensanchamiento del amor erótico

El término "eros", habitual en la literatura griega, es un término que se emplea, sobre todo, para hablar del amor con que se ama al otro por lo que se recibe de él: gozo, placer, compañía, seguridad, consuelo. "Eros" significa, por tanto, un movimiento hacia aquella persona de la que esperamos o en la que encontramos satisfacción y cumplimiento de nuestro deseo.

No hemos de confundir este amor erótico con la mera búsqueda de satisfacción sexual. Cuando el enamorado solo busca disfrutar del sexo del otro olvidando la totalidad de su persona, lo trata como una cosa y, por tanto, no sale de sí mismo hacia el encuentro personal mutuo; sigue encerrado en su propio egoísmo. Cuando, por el contrario, ama con amor erótico, busca el encuentro gozoso con la persona amada y sale hacia ella para disfrutar juntos la dicha de su comunión misteriosa.

Así, pues, el amor erótico despierta un deseo que no tiene por qué ser posesivo; trata, incluso de "atraer a la persona amada como un factor de la propia dicha"[18], pero no tiene por qué cosificar o desvirtuar el encuentro amoroso.

Más aún, ¿puede en realidad, el ser humano amar si no es con amor erótico? Solo Dios es amor absolutamente gratuito, amor amante, sin indigencia alguna, capaz de amar sin recibir ni ser enriquecido. El ser humano, por el contrario, pobre e indigente, no parece que pueda amar sino esperando o deseando recibir; da amor aguardando ser amado.[19]

El riesgo de este amor erótico, condicionado por lo que recibe del otro, es quedar prisionero

---

[18] K. Rahner, "Amor", en *Sacramentum Mundi: I,* Herder, Barcelona 1972, col. 117.

[19] Es conocido que, según Platón, en la mitología griega, "Eros" es hijo de "Penía" (pobreza) y de "Poros" (riqueza), es decir, el amor erótico es hijo de una "pobreza" que sale en busca de una "riqueza".

de sí mismo, con la amenaza de apagarse en la medida en que el otro no responde al propio deseo.

A la luz de Cristo, revelación del amor gratuito e incondicional de Dios, las comunidades cristianas difundieron otro término para hablar del amor, "agapé", que subraya el amor con que se ama a la otra persona atendiendo a su necesidad o deseo, y buscando su bien incluso cuando apenas se recibe de ella nada gratificante.

Se citaba un dicho atribuido a Jesús: "Hay más dicha en dar que en recibir" (Hch 20,35). Se trata, pues, de un amor con gran peso de gratuidad, no condicionado solo por lo erótico, un amor que incluye la aceptación del otro en lo que tiene de negativo y poco grato, la atención a la persona amada en su debilidad, la paciencia y hasta el perdón.[20]

Este amor de "agapé" no excluye ni elimina el amor erótico, pero lo cuestiona e interpela pues recuerda que amar es querer el bien para

---

[20] Es ya clásico el estudio sobre el afecto, la amistad, el "eros" y la caridad de C. S. Lewis, *The four loves*, Brace and co., Nueva York 1960.

el otro o, de otra manera, ser feliz haciendo feliz a la persona amada.

Esto obliga a revisar si en el encuentro amoroso tiene prioridad la propia satisfacción o el derecho de la otra persona a su felicidad. "Eros" y "agapé" no se excluyen, sino que se complementan y enriquecen mutuamente. Son como "los dos rostros del amor"[21] plenamente humano.

Nada mejor que un amor erótico impregnado en todo tiempo por el amor incondicional del "agapé"; nada mejor que un amor agápico vivido con la ternura, el gozo y el calor del "eros".[22]

---

[21] H. Gollwitzer, o. c., 71.

[22] La fórmula del consentimiento matrimonial en la liturgia católica subraya precisamente estos dos aspectos de un amor plenamente humano: "Yo… te quiero a ti como esposa/o y me entrego a ti, y prometo serte fiel en las alegrías y en las penas, en la salud y en la enfermedad, todos los días de mi vida".

4

El mensaje del Cantar en nuestros días

El Cantar contiene un mensaje lleno de promesas e interpelaciones. Señalo brevemente algunos aspectos.

1. El erotismo en la vida humana

La celebración que se hace del amor erótico en el Cantar obliga a repensar y corregir una tradición teológica que, preocupada casi exclusivamente por la moralidad o inmoralidad de la relación sexual, ha terminado muchas veces por desacreditar gravemente la condición sexual del ser humano, viéndolo como pecado o degradación de la persona y olvidando su bondad natural, regalo del Creador.

La Iglesia ha "moralizado" la sexualidad, pero no la ha "evangelizado". Ha pretendido controlar de manera rígida el deseo sexual generando no pocas represiones y culpabilidades malsanas, pero no siempre ha sabido anunciar la buena noticia de que es un don de Dios para ser disfrutado con gozo y agradecimiento. Hemos de reconocerlo con humildad y verdad: comenzamos el tercer milenio sin contar con una teología del placer y sin unas claves teológicas que ayuden debidamente a los cristianos a dar su legítimo lugar a lo erótico en sus vidas.

Por otra parte, la emancipación de esta moral tradicional no está trayendo menos problemas y ambigüedades. Se promueve la liberación de antiguas represiones, pero se cae en nuevas esclavitudes. Lejos de ver nacer un hombre y una mujer nuevos, sanos y maduros, somos testigos de nuevas frustraciones, vacíos y soledades de jóvenes que "hacen el amor", pero no son capaces de vivir la ternura y el gozo de un amor de comunión. La satisfacción incontrolada de las pulsiones sexuales, la reducción del encuentro erótico a genitalidad, la banalización del sexo, la promiscuidad o la mutua manipulación están conduciendo a no pocos a experimentar la frustración del deseo más hondo que hay en el ser humano: amar y ser amado.

Vivimos tiempos de crisis, cambios y búsquedas. El camino a seguir no es el moralismo rígido que han conocido otras épocas, tampoco el desquiciamiento actual. ¿No es el libro santo del Cantar una lámpara preciosa para seguir buscando?

2. El sacramento del matrimonio

El Cantar cuestiona también la concepción empobrecida que tantas veces se tiene de la institución matrimonial. No es fácil superar la visión del matrimonio presentado durante siglos como "remedium peccati" o "remedium concupiscentiae", es decir, "lugar legal" donde se puede vivir de manera no culpable algo que fuera del mismo es pecado, dando por supuesto que es la institución eclesiástica -y no el gesto creador de Dios- el que confiere al deseo erótico y al encuentro del varón y la mujer su bondad, belleza y encanto.

El Cantar es una invitación a valorar el matrimonio en cuanto experiencia privilegiada donde los esposos viven su amor como sacramento en el que pueden significar y experimentar el amor de Dios.[23]

Al casarse, los esposos cristianos expresan el deseo y compromiso de vivir su amor, ante la comunidad cristiana y ante la sociedad, como signo, expresión y encarnación del amor de Dios que se nos ha revelado en Cristo.

Al hacer de su amor un "sacramento cristiano" están diciendo a todos:

"Queremos vivir nuestro amor como signo débil y lejano, pero real, del amor de Dios. Los que veáis cómo nos queremos, podréis intuir de alguna manera cómo nos ama Dios en Cristo el Señor. Queremos que nuestro amor os recuerde cómo os quiere Dios."

Esto significa que, al comprometerse a vivir su amor como sacramento, los esposos se dicen así el uno al otro:

"Te amo con tal hondura y verdad, con tal entrega y fidelidad que quiero que veas en mi amor el

---

[23] J. A. PAGOLA, *Originalidad del matrimonio cristiano*, PPC, Madrid 2024, 31-36.

signo más claro, la señal más visible, el sacramento mejor de cómo te quiere Dios. Cuando sientas cómo te quiero, cómo te cuido, cómo te perdono, podrás sentir de alguna manera cómo te quiere Dios."

No hemos de olvidar que el matrimonio no es solo un sacramento, sino un estado sacramental. La boda no es sino el punto de partida de una vida matrimonial que queda toda ella sacramentalizada. La mutua entrega y dedicación, el perdón dado y recibido, las expresiones de amor y ternura, la intimidad sexual compartida y disfrutada, la abnegación de cada día con sus gozos y sufrimientos, toda esa vida matrimonial es sacramento, lugar de gracia, experiencia donde Dios se les hace realmente presente.

Este carácter sacramental da toda su hondura y plenitud a su abrazo conyugal. Los esposos cristianos no "hacen el amor", sino que lo viven y celebran. El acto del amor es una celebración en la que el esposo y la esposa, con su capacidad erótica, con la comunión de sus cuerpos y sus almas, con el placer compartido, hacen presente en medio de ellos a Dios. Es, sobre todo, en esa experiencia íntima donde mejor pueden intuir y saborear de alguna manera su amor insondable.

3. La fe en un Dios enamorado

El amor entre el varón y la mujer no es la única experiencia para intuir el misterio de Dios. En la tradición de Israel ocupa un lugar privilegiado la liberación de la esclavitud y de la justicia como experiencia que revela a Dios como liberador de la vida. Allí donde un pueblo es liberado de la esclavitud, allí donde un ser humano es ayudado para recuperar su dignidad, allí se está manifestando el Dios de los pobres y excluidos, el defensor de los desvalidos. Desde esta experiencia se va configurando esa imagen de Dios que describe tan bellamente el libro de Judit:

"Tú eres el Dios de los humildes,
el defensor de los pequeños,
apoyo de los débiles,
refugio de los desvalidos,
salvador de las desesperadas." (Jdt 9,12)

Sin embargo, el amor entre varón y mujer tiene gran importancia pues se trata de una experiencia primordial, intensa y universal, declarada desde los orígenes como símbolo poderoso que permite descubrir en el ser humano una "semejanza" con Dios. Su importancia resulta todavía más patente cuando se comprueba que el acceso a Dios por caminos que ignoran la experiencia del amor puede conducir a una imagen poco humana y hasta cruel de la divinidad.

La imagen de un Dios todopoderoso, Señor eterno, Castigador implacable de errores y pecados, Rey soberano, apenas encuentra hoy eco en el corazón de muchos. Ese Dios difuso y lejano, que rige la historia humana desde la cima del Universo, no atrae ni fascina, no seduce ni enamora. Más bien, deja los corazones fríos e indiferentes.

Pero el amor sigue atrayendo misteriosamente al ser humano. Por eso el Cantar de los Cantares puede ser hoy un camino humilde y luminoso para acercar de nuevo a Dios a hombres y mujeres que lo buscan, tal vez sin saber que, en el interior de su propia experiencia amorosa, pueden encontrar el mejor punto de partida para presentir el misterio de un Dios de rostro diferente.[24]

- Un Dios Amor, un Dios amigo y amante, enamorado apasionadamente de sus criaturas, que ama a cada ser deleitándose en su amor.
- Un Dios grande que no cabe en ninguna religión ni iglesia pues habita en lo secreto de cada corazón.
- Un Dios abrazado a la creación entera, que goza con quienes gozan y llora en las lágrimas de quienes lloran.
- Un Dios que ama el cuerpo y el alma, el gozo erótico y la belleza, el amor humano y la felicidad.
- Un Dios que nos crea solo por amor y que un día nos juzgará, no como juzga el juez al delincuente, sino como lo hace la mirada del enamorado al ser querido que lo ha traicionado.

---

[24] C. Rocchetta, *Teología de la ternura. Un "evangelio" por descubrir*, Secretariado Trinitario, Salamanca 2001; S. McFague, *Modelos de Dios. Teología para una era ecológica y nuclear*, Sal Terrae, Santander 1994.

- Un Dios que libera de miedos y despierta nuestra dignidad.
- Un Dios que, lejos de provocar angustia ante la muerte, estará también entonces abrazando con ternura a cada persona mientras agoniza, para iniciar por fin con ella la fiesta de su Amor misterioso e insondable.
- Un Dios del que uno se puede enamorar.

Este Dios es el que se encarna y revela en Jesús:

- El profeta de la ternura que sabía acariciar a los leprosos y malditos y estrechar entre sus brazos a los niños.
- El hombre de amor limpio que se dejaba tocar por la hemorroísa y besar por la prostituta.
- El hombre al que le "temblaban las entrañas" al ver sufrir a los enfermos, y al que se le saltaban las lágrimas al conocer la muerte de un amigo o al pensar en la destrucción de su querida ciudad de Jerusalén.
- El profeta que maldecía a los que encadenan la vida bajo el peso de una ley vacía de

amor, e invitaba a todos los agobiados a encontrar alivio y descanso en su mensaje de amor.

- El hombre que vivía amando y contagiando amor, el profeta de cuyos labios salían siempre palabras llenas de ternura: "No llores", "No tengas miedo", "¿Por qué dudas?", "Ten fe", "Todo es posible para el que cree en el amor".

- El hombre que "amó a los suyos hasta el extremo" y, al aceptar la Pasión, nos reveló para siempre el amor apasionado con que nos ama Dios.

- El hombre que, murió amando ciegamente al ser humano pues solo de un corazón cegado por el amor pueden nacer estas palabras: "Padre, perdónalos porque no saben lo que hacen".

Tiene razón el Cantar de los Cantares y tiene razón san Juan: Dios es Amor... Quien no ama no conoce a Dios. Pero quien ama nace de Dios y conoce a Dios (*cf.* 1 Jn 3,7-8).

Índice